Impressum
Verlag: BABADADA GmbH, Nedderfeld 112 , 22529 Hamburg
Geschäftsführer / Verlagsleitung: Harald Hof
Druck: Books on Demand GmbH, In de Tarpen 42, 22848 Norderstedt

Imprint
Publisher: BABADADA GmbH, Nedderfeld 112 , 22529 Hamburg, Germany
Managing Director / Publishing direction: Harald Hof
Print: Books on Demand GmbH, In de Tarpen 42, 22848 Norderstedt

escola

colegio

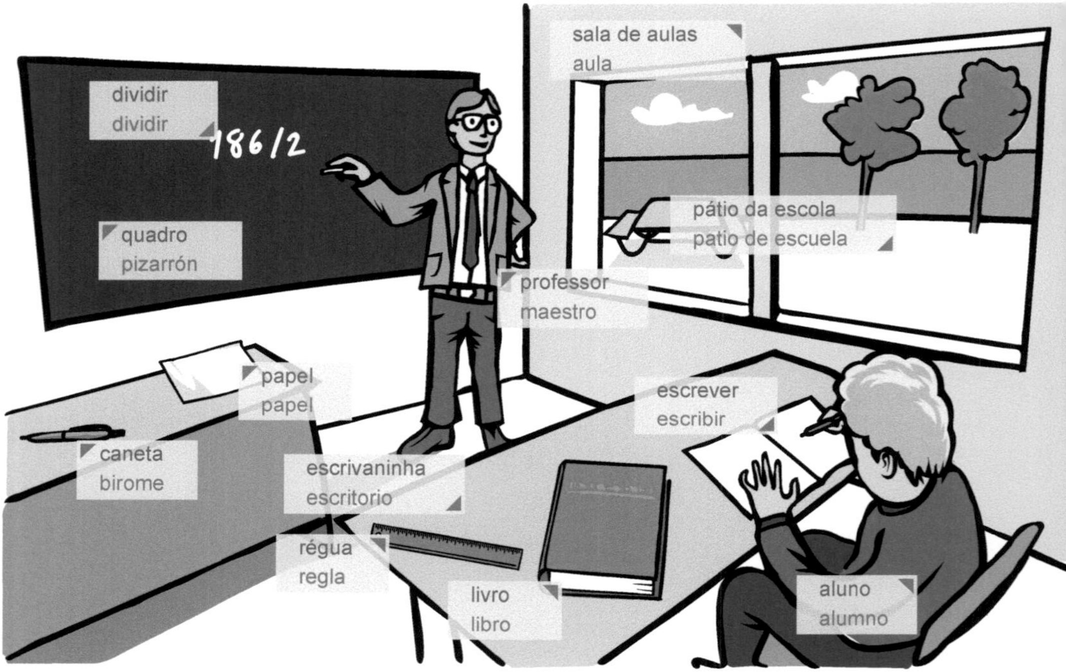
sala de aulas
aula
dividir
dividir
186/2
quadro
pizarrón
pátio da escola
patio de escuela
professor
maestro
papel
papel
escrever
escribir
caneta
birome
escrivaninha
escritorio
régua
regla
livro
libro
aluno
alumno

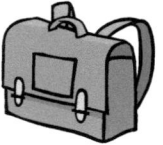

sacola
mochila

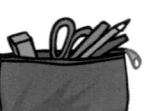

estojo de lápis
caja de lápices

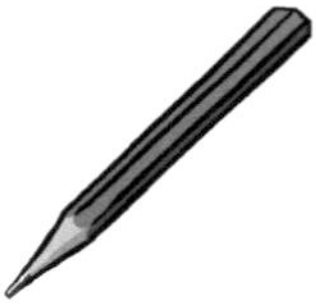

lápis
lápiz

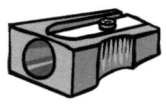

apontador de lápis
sacapuntas

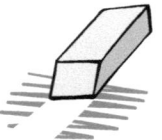

borracha
goma (de borrar)

bloco de desenho
bloc de dibujo

desenho

dibujo

pincel

pincel

estojo de tintas

caja de pinturas

tesoura

tijera

cola

pegamento

livro de exercícios

cuaderno de ejercicios

lição de casa

tarea

número

número

2+2

somar

sumar

subtrair

restar

multiplicar

multiplicar

calcular

calcular

letra

letra

alfabeto

abecedario

palavra

palabra

texto
texto

ler
leer

giz
tiza

hora
lección

registro da classe
cuaderno de clase

exame
examen

certificado
certificado

uniforme escolar
uniforme escolar

educação
educación

enciclopédia
enciclopedia

universidade
universidad

microscópio
microscopio

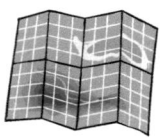

mapa
mapa

cesto de lixo
tacho (de basura)

hotel
hotel

Grand

albergue
hostel

ROOMS

casa de câmbio
casa de cambio

EXCHANGE

mala
valija

carro
auto

idioma

idioma

sim / não

sí / no

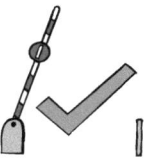

ok

Está bien

Olá

hola

tradutor

traductor

obrigado

Gracias

quanto custa...?

¿cuánto cuesta...?

eu não entendo

No entiendo

problema

problema

boa noite!

¡Buenas tardes!

Bom dia!

¡Buenos días!

Boa noite!

¡Buenas noches!

até logo

adiós

direção

dirección

bagagem

equipaje

bolsa

bolso

mochila

mochila

convidado

invitado

quarto

habitación

saco de dormir

bolsa de dormir

barraca

carpa

informação turística
información turística

praia
playa

cartão de crédito
tarjeta de crédito

café da manhã
desayuno

almoço
almuerzo

jantar
cena

bilhete
pasaje

elevador
ascensor

selo
sello

fronteira
frontera

alfândega
aduana

embaixada
embajada

visto
visa

passaporte
pasaporte

transporte
transporte

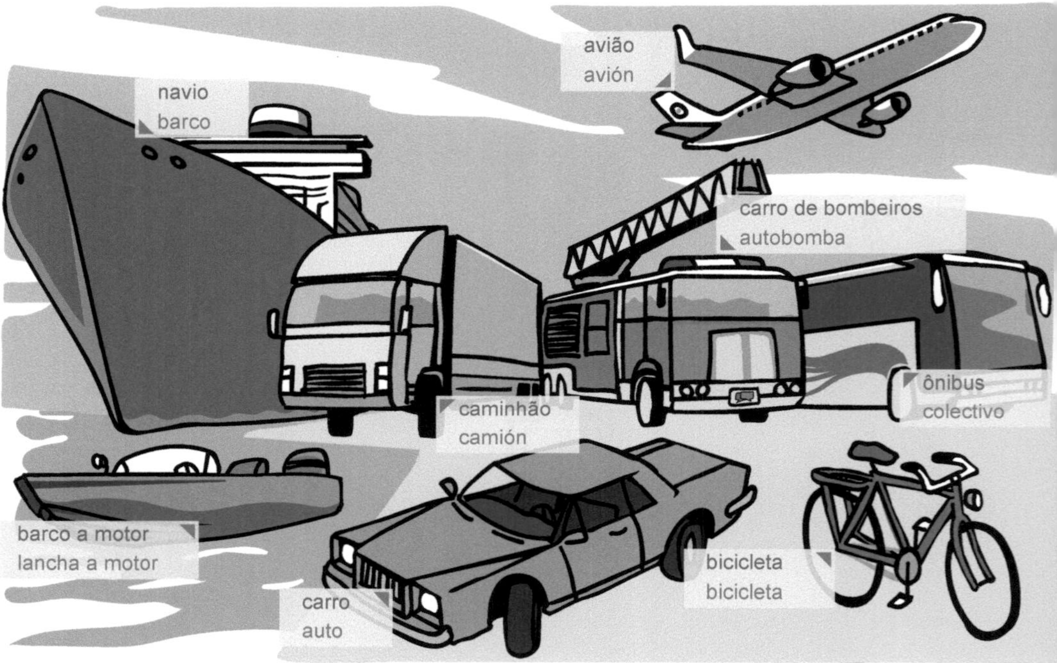

navio
barco
avião
avión
carro de bombeiros
autobomba
ônibus
colectivo
caminhão
camión
barco a motor
lancha a motor
bicicleta
bicicleta
carro
auto

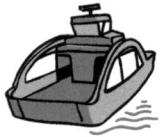

balsa

ferry

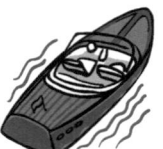

barco

bote

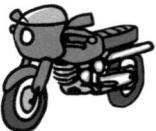

motocicleta

moto

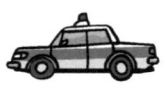

veículo policial

patrullero

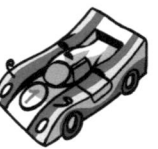

carro de corrida

auto de carreras

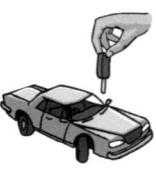

carro de aluguel

auto de alquiler

compartilhamento de
automóvel

alquiler de autos

caminhão de reboque

grúa

caminhão de lixo

camión de basura

motor

motor

combustível

nafta

posto de gasolina

estación de servicio

placa de trânsito

señal de tránsito

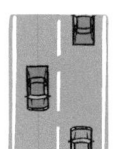

trânsito

tránsito

trânsito lento

embotellamiento

estacionamento

estacionamiento

estação de trem

estación de tren

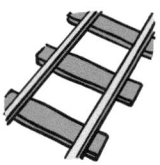

trilhos

vías

trem

tren

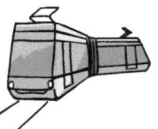

bonde

tranvía

vagão

vagón

helicóptero
helicóptero

aeroporto
aeropuerto

torre
torre

passageiro
pasajero

contêiner
contenedor

cartolina
caja de cartón

carroça
carretilla

cesto
canasta

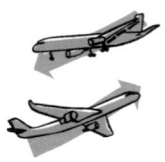

decolar / pousar
despegar / aterrizar

cidade
ciudad

vilarejo
pueblo

centro da cidade
centro de ciudad

casa
casa

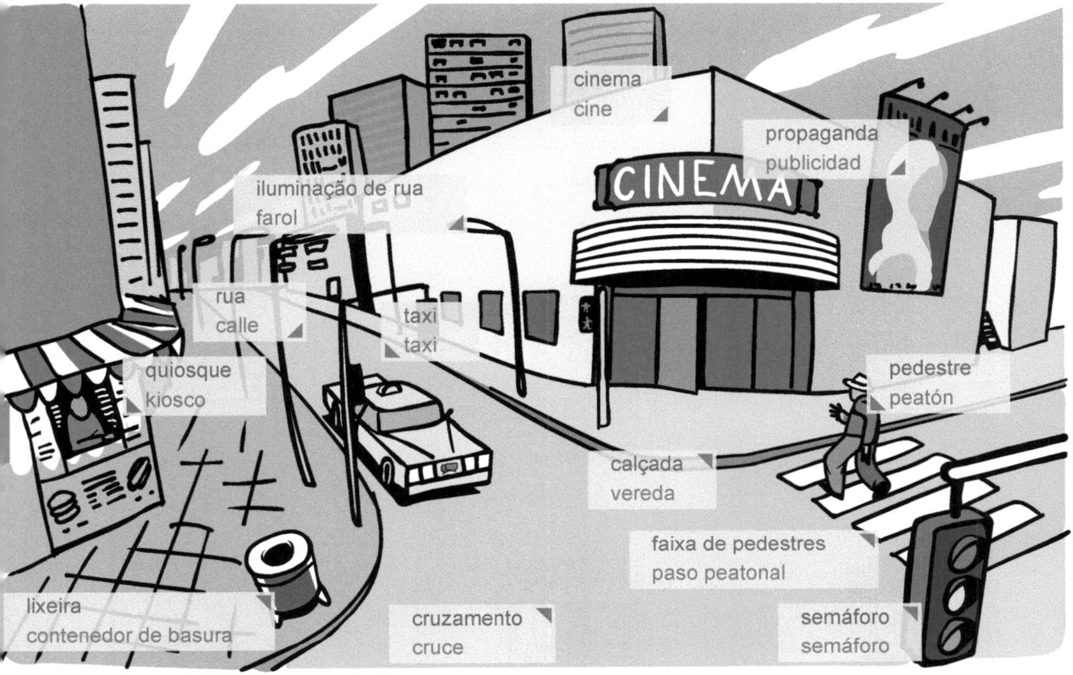

cinema
cine

propaganda
publicidad

iluminação de rua
farol

rua
calle

taxi
taxi

CINEMA

pedestre
peatón

quiosque
kiosco

calçada
vereda

faixa de pedestres
paso peatonal

lixeira
contenedor de basura

cruzamento
cruce

semáforo
semáforo

cabana
cabaña

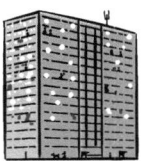

apartamento
departamento

estação de trem
estación de tren

prefeitura
municipalidad

museu
museo

escola
colegio

universidade
universidad

banco
banco

hospital
hospital

hotel
hotel

farmácia
farmacia

escritório
oficina

livraria
librería

loja
negocio

floricultura
florería

supermercado
supermercado

mercado
mercado

loja de departamentos
grandes tiendas

peixaria
pescadería

centro comercial
centro comercial

porto
puerto

parque

parque

banco

banco

ponte

puente

escadas

escaleras

metrô

subte

túnel

túnel

ponto de ônibus

parada del colectivo

bar

bar

restaurante

restaurante

caixa de correspondência

buzón

placa de rua

letrero

parquímetro

parquímetro

zoológico

zoológico

piscina

pileta

mesquita

mezquita

fazenda
granja

poluição
contaminación

cemitério
cementerio

igreja
iglesia

parquinho
juegos infantiles

templo
templo

paisagem
paisaje

folha
hoja

placa de sinalização
poste indicador

caminho
camino

gramado
pradera

pedra
piedra

caminhantes
excursionista

árvore
árbol

rio
río

grama
hierba

flor
flor

vale
valle

montanha
montaña

lago
lago

floresta
bosque

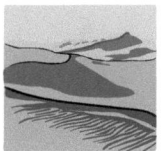

deserto
desierto

vulcão
volcán

castelo
castillo

arco-íris
arco iris

cogumelo
champiñón

palmeira
palmera

mosquito
mosquito

mosca
mosca

formiga
hormiga

abelha
abeja

aranha
araña

paisagem - paisaje

besouro

escarabajo

sapo

rana

esquilo

ardilla

ouriço

erizo

lebre

liebre

coruja

lechuza

pássaro

pájaro

cisne

cisne

javali

jabalí

veado

ciervo

alce

alce

barragem

presa

aerogerador

aerogenerador

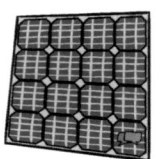

painel solar

panel solar

clima

clima

restaurante
restaurante

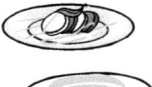

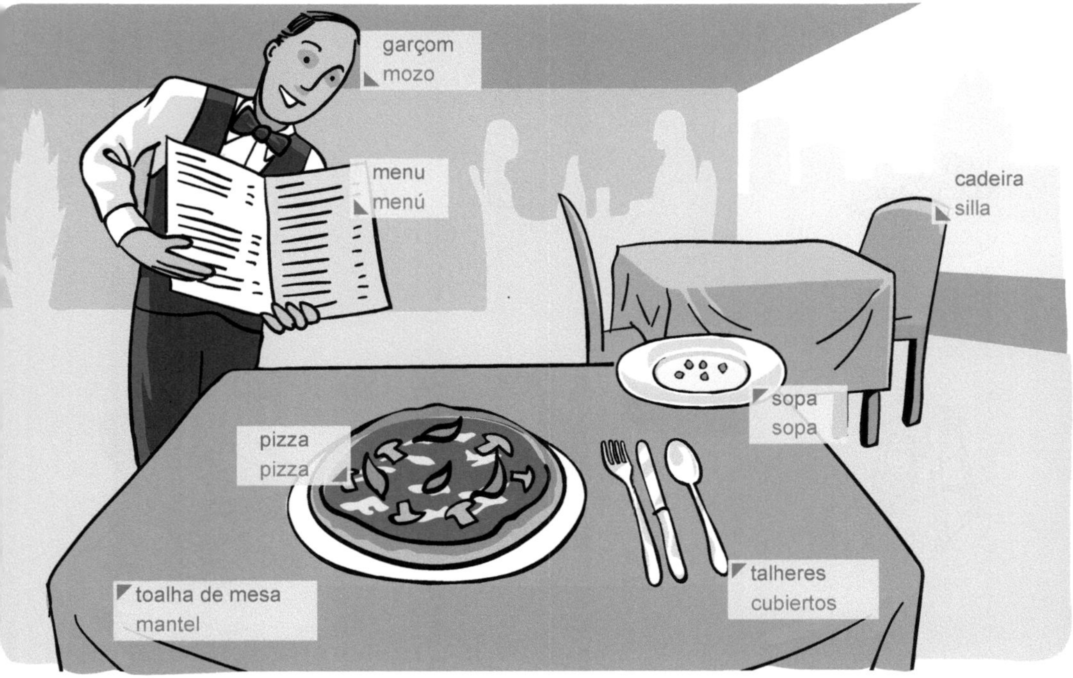
garçom
mozo
menu
menú
cadeira
silla
sopa
sopa
pizza
pizza
talheres
cubiertos
toalha de mesa
mantel

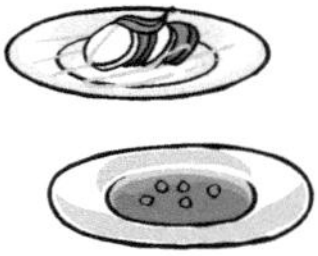

entrada
entrada

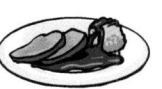

prato principal
plato principal

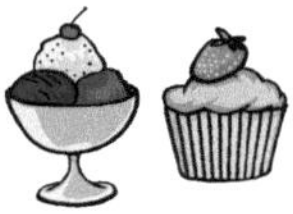

sobremesa
postre

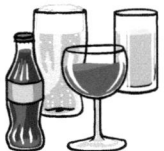

bebidas
bebidas

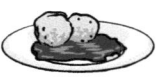

comida
comida

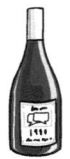

garrafa
botella

fastfood

comida rápida

comida de rua

comida callejera

bule de chá

tetera

açucareiro

azucarera

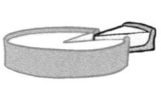

porção

porción

máquina de expresso

cafetera expreso

cadeirão

sillita alta

conta

cuenta

bandeja

bandeja

faca

cuchillo

garfo

tenedor

colher

cuchara

colher de chá

cucharita

guardanapo

servilleta

copo

vaso

prato
plato

prato de sopa
plato hondo

pires
plato

molho
salsa

saleiro
salero

moedor de pimenta
molinillo de pimienta

vinagre
vinagre

óleo
aceite

especiarias
especias

ketchup
kétchup

mostarda
mostaza

maionese
mayonesa

supermercado

supermercado

oferta especial
oferta especial
FOR
cliente
cliente
laticínios
lácteos
frutas
fruta
carrinho de compras
changuito

BUTCHERS

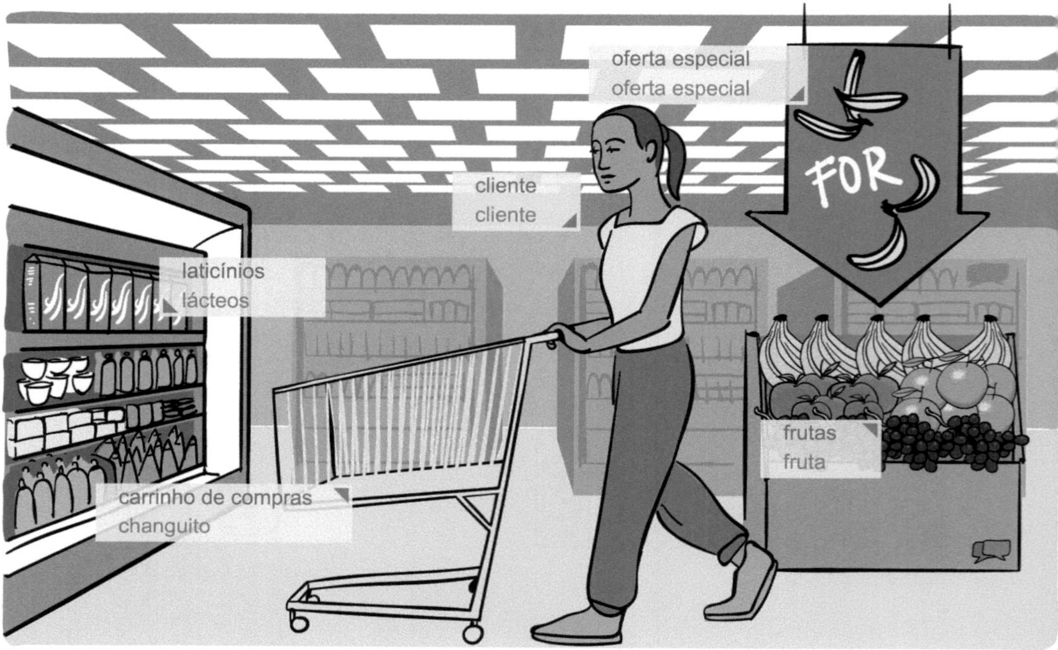

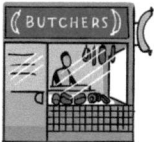

açougue

carnicería

BAKERY

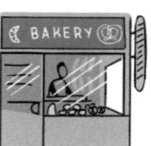

padaria

panadería

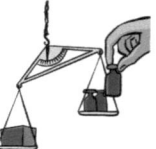

pesar

pesar

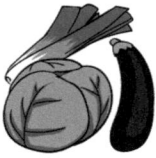

legumes

verduras

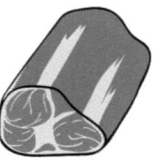

carne

carne

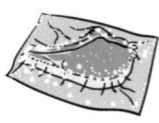

congelados

alimentos congelados

charcutaria

fiambres

conservas

alimentos enlatados

detergente em pó

detergente en polvo

doces

golosinas

artigos domésticos

electrodomésticos

produtos de limpeza

productos de limpieza

vendedora

vendedora

caixa

caja

caixa

cajero

lista de compras

lista de compras

horário de funcionamento

horario de atención

carteira

billetera

cartão de crédito

tarjeta de crédito

sacola

cartera

saco plástico

bolsa de plástico

água
....
agua

suco
....
jugo

leite
....
leche

coca-cola
....
bebida cola

vinho
....
vino

cerveja
....
cerveza

álcool
....
alcohol

cacau
....
cacao

chá
....
té

café
....
café

expresso
....
café expreso

cappuccino
....
cappuccino

banana

banana

maçã

manzana

laranja

naranja

melão

melón

limão

limón

cenoura

zanahoria

alho

ajo

bambu

bambú

cebola

cebolla

cogumelo

champiñón

nozes

nueces

macarrão

fideos

espaguete

tallarines

arroz

arroz

salada

ensalada

batatas fritas

papas fritas

batatas frias

papas fritas

pizza

pizza

hambúrger

hamburguesa

sanduíche

sándwich

escalope

churrasco

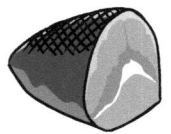

presunto

jamón

salame

salame

salsicha

salchicha

galinha

pollo

assado

asado

peixe

pescado

flocos de aveia

copos de avena

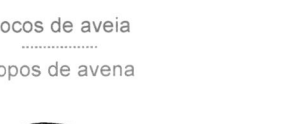

granola

muesli

flocos de milho

copos de maíz

farinha

harina

croissant

medialuna

pãozinho

pancito

pão

pan

torrada

tostada

biscoitos

galletitas

manteiga

manteca

requeijão

cuajada

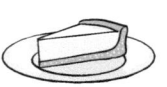

bolo

torta

ovo

huevo

ovo frito

huevo frito

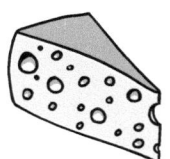

queijo

queso

sorvete

helado

açúcar

azúcar

mel

miel

geleia

mermelada

creme de avelãs

pasta de chocolate

curry

curry

fazenda
granja

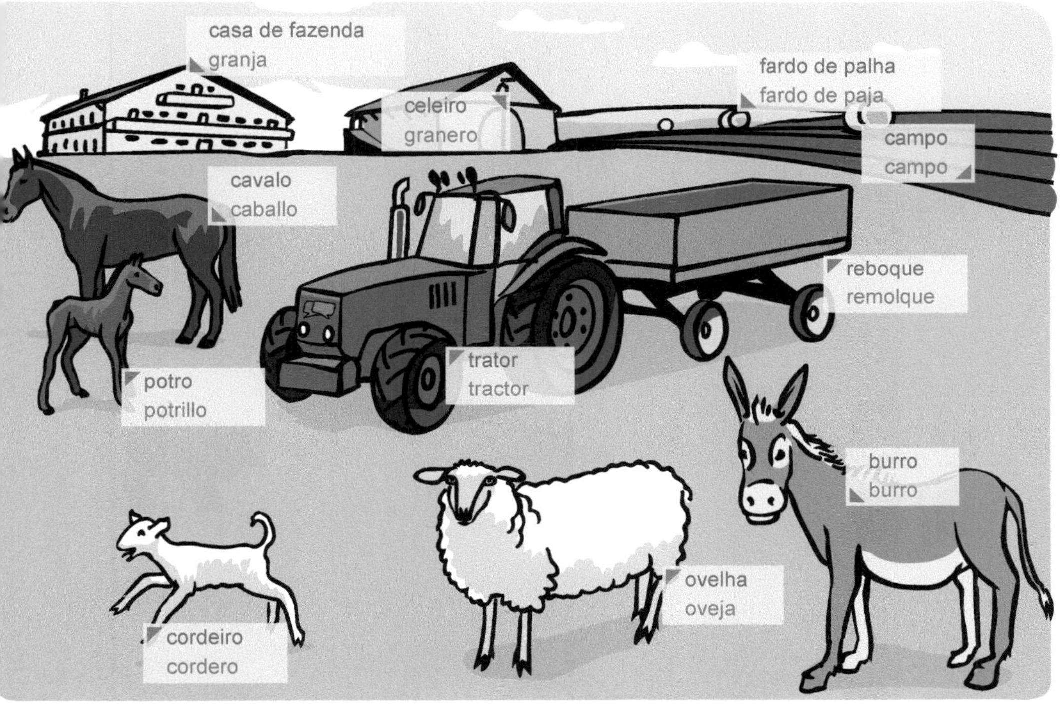
casa de fazenda
granja
celeiro
granero
fardo de palha
fardo de paja
campo
campo
cavalo
caballo
reboque
remolque
trator
tractor
potro
potrillo
burro
burro
ovelha
oveja
cordeiro
cordero

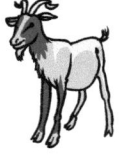

cabra
cabra

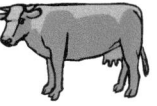

vaca
vaca

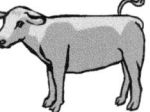

bezerro
ternero

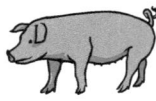

porco
cerdo

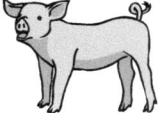

leitão
lechón

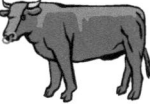

touro
toro

ganso
ganso

pato
pato

pintinho
pollo

galinha
gallina

galo
gallo

ratazana
rata

gato
gato

camundongo
ratón

boi
buey

cachorro
perro

casinha do cachorro
cucha

mangueira de jardim
manguera

regador
regadera

foice
guadaña

arado
arado

foice
hoz

enxada
azada

forquilha
horquilla

machado
hacha

carrinho de mão
carretilla

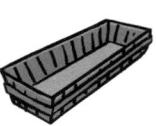

manjedoura
abrevadero

jarra de leite
lechera

saco
bolsa

cerca
reja

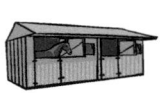

estábulo
establo

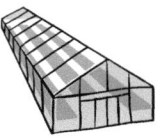

estufa
invernadero

solo
suelo

semente
semilla

fertilizante
fertilizador

colheitadeira
cosechadora

colher
cosechar

colheita
cosecha

inhame
batatas

trigo
trigo

soja
soja

batata
papa

milho
maíz

colza
semilla de colza

árvore frutífera
árbol frutal

mandioca
mandioca

cereais
cereales

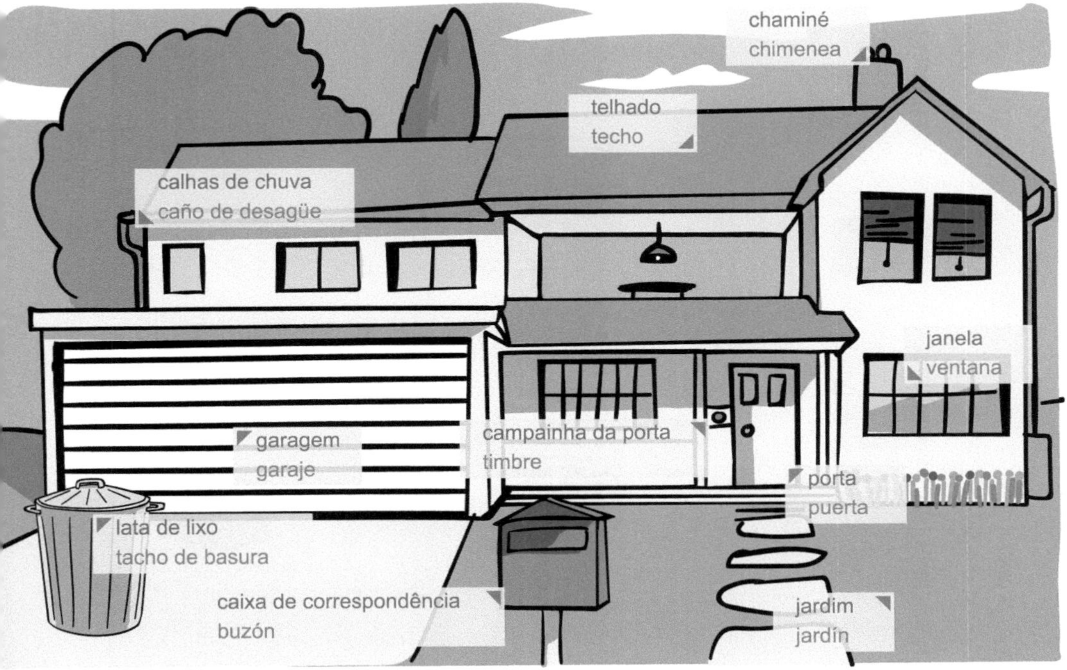

chaminé
chimenea

telhado
techo

calhas de chuva
caño de desagüe

janela
ventana

garagem
garaje

campainha da porta
timbre

porta
puerta

lata de lixo
tacho de basura

caixa de correspondência
buzón

jardim
jardín

sala de estar
living

banheiro
baño

cozinha
cocina

quarto de dormir
dormitorio

quarto de criança
cuarto de los chicos

sala de jantar
comedor

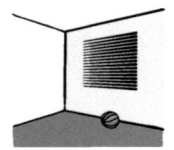

chão
piso

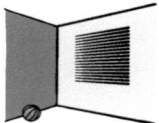

parede
pared

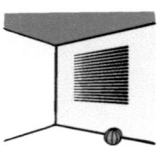

teto
cielorraso

porão
sótano

sauna
sauna

varanda
balcón

terraço
terraza

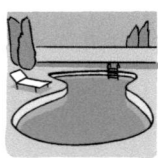

piscina
pileta

cortador de grama
cortadora de pasto

lençol
sábana

coberta
acolchado

cama
cama

vassoura
escoba

balde
balde

interruptor
interruptor

sala de estar
living

papel de parede
empapelado
quadro
imagen
lâmpada
lámpara
prateleira
estante
armário
armario
televisão
televisión
lareira
chimenea
flor
flor
travesseiro
almohadón
sofá
sofá
vaso
florero
controle remoto
control remoto

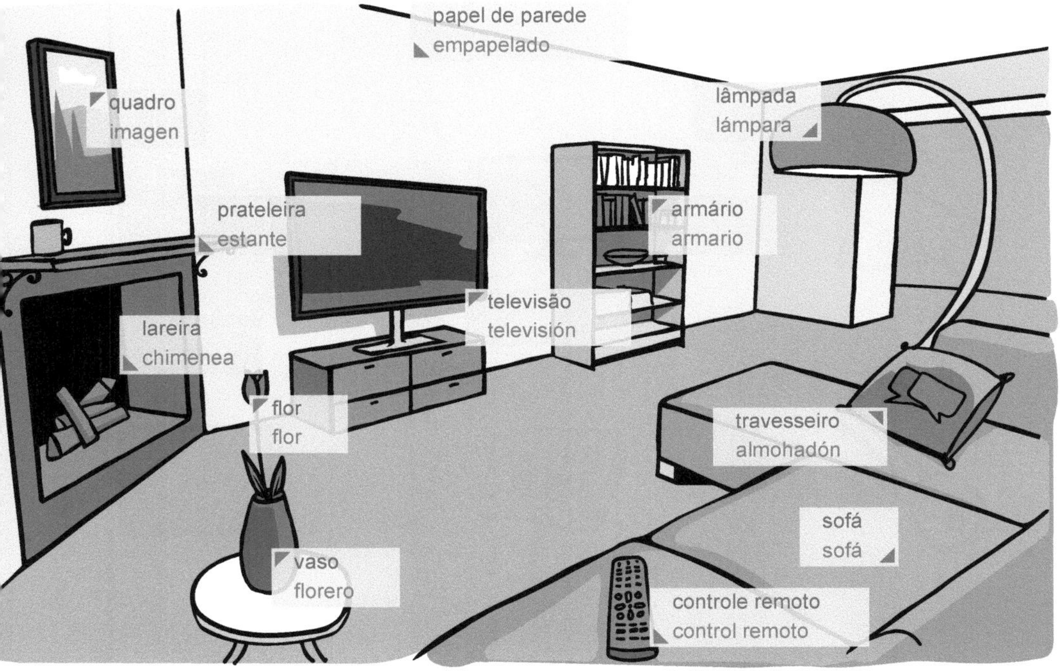

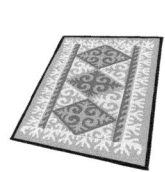

tapete
alfombra

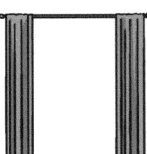

cortina
cortina

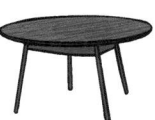

mesa
mesa

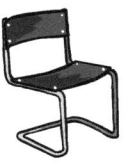

cadeira
silla

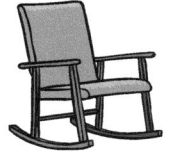

cadeira de balanço
mecedora

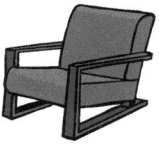

poltrona
sillón

livro

libro

cobertor

frazada

decoração

decoración

lenha

leña

filme

película

equipamento de som

equipo de música

chave

llave

jornal

diario

pintura

pintura

pôster

póster

rádio

radio

bloco de notas

cuaderno

aspirador

aspiradora

cacto

cactus

vela

vela

cozinha
cocina

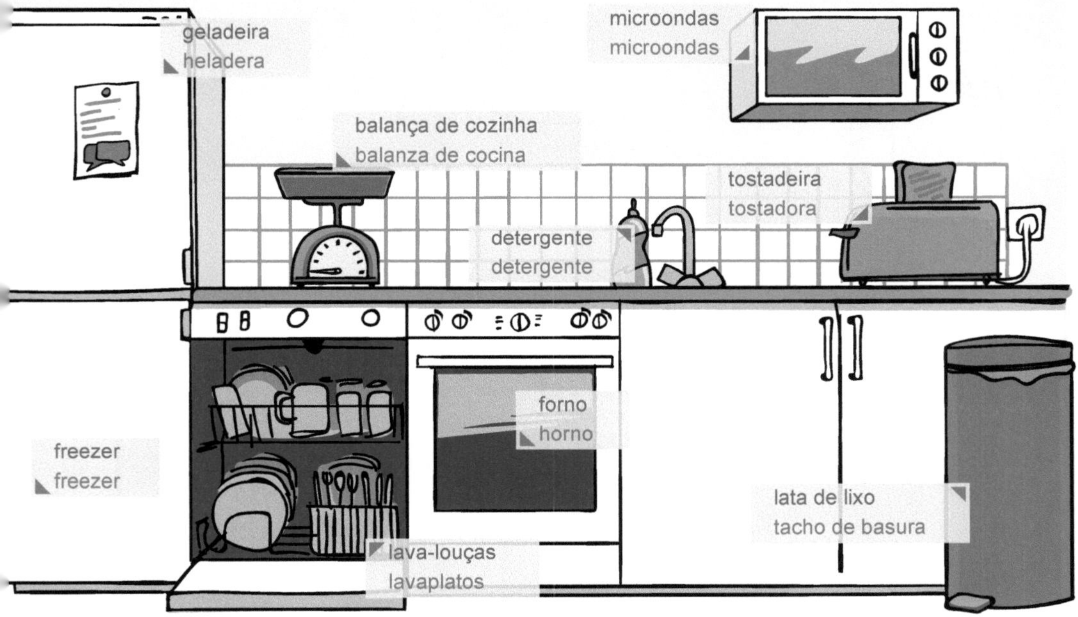

geladeira
heladera
microondas
microondas
balança de cozinha
balanza de cocina
tostadeira
tostadora
detergente
detergente
forno
horno
freezer
freezer
lata de lixo
tacho de basura
lava-louças
lavaplatos

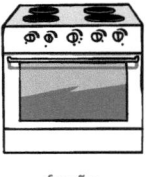

fogão

cocina

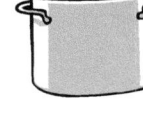

panela

olla

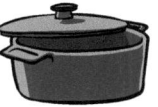

panela de ferro

olla de hierro fundido

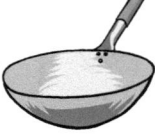

wok / kadai

wok

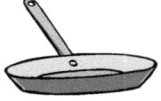

frigideira

sartén

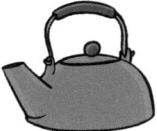

chaleira

pava

panela a vapor
vaporera

tabuleiro de forno
bandeja de horno

louça
vajilla

caneca
taza

caçarola
bol

hashi
palitos

concha de sopa
cucharón

espátula
estpátula

batedor
batidora

escorredor
colador

peneira
colador

ralador
rallador

almofariz
mortero

churrasqueira
parrilla

lareira
fogata

tábua de cortar

tabla de picar

rolo da massa

palo de amasar

saca-rolhas

sacacorchos

lata

lata

abridor de latas

abrelatas

pegador de panela

manopla

pia

pileta

escova

cepillo

esponja

esponja

liquidificador

batidora

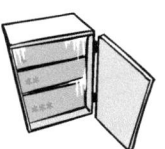

congelador

congelador

mamadeira

mamadera

torneira

canilla

banheiro
baño

aquecimento
calefacción
toalha
toalla
ducha
ducha
cortina de chuveiro
cortina de ducha
banho de espuma
baño de espuma
banheira
bañadera
copo
vaso
lava-roupa
lavarropas
torneira
canilla
azulejos
baldosas
penico
pelela
pia
pileta

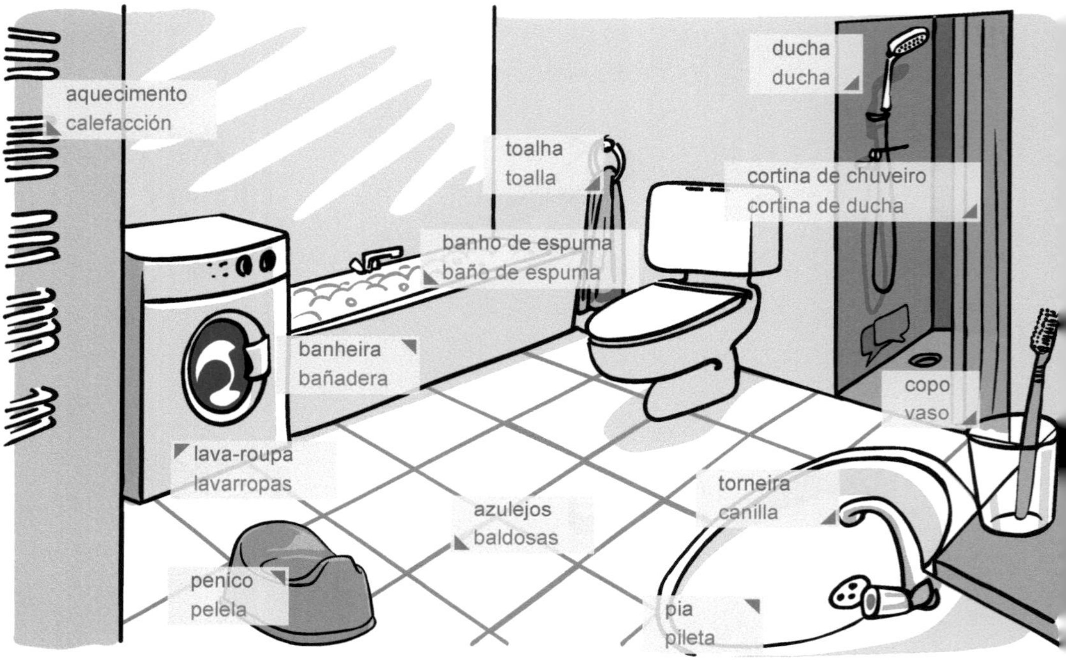

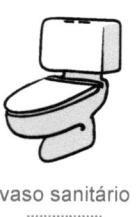

vaso sanitário
inodoro

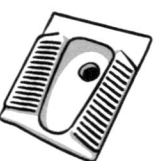

lavabo de agachar
letrina

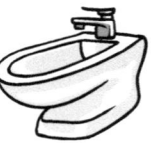

bidê
bidé

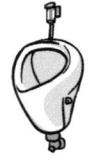

mictório
mingitorio

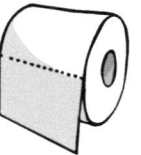

papel higiênico
papel higiénico

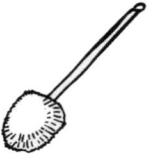

escova de privada
cepillo para el inodoro

escova de dentes

cepillo de dientes

pasta de dentes

dentífrico

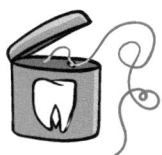

fio dental

hilo dental

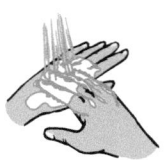

lavar

lavar

ducha de mão

ducha de mano

ducha íntima

ducha higiénica

bacia

palangana

escova para as costas

cepillo para espalda

sabonete

jabón

gel de banho

gel de ducha

xampu

shampoo

toalha de rosto

toallita

escoamento

desagüe

creme

crema

desodorante

desodorante

espelho

espejo

espelho de mão

espejito

barbeador

maquinita de afeitar

espuma de barbear

espuma de afeitar

loção pós-barba

aftershave

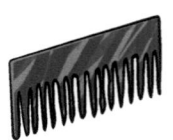

pente

peine

escova

cepillo

secador de cabelo

secador de pelo

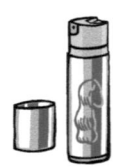

spray de cabelo

spray

maquiagem

maquillaje

batom

lápiz de labios

esmalte de unhas

esmalte para uñas

algodão

algodón

tesoura para unhas

tijera para uñas

perfume

perfume

nécessaire

portacosméticos

banquinho

banqueta

balança

balanza

roupão de banho

bata

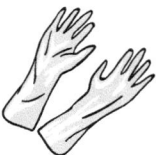

luvas de borracha

guantes de goma

absorvente interno

tampón

absorvente íntimo

toallita femenina

banheiro químico

baño químico

quarto de criança
cuarto de los chicos

despertador
despertador
boneco de pelúcia
peluche
carrinho de brinquedo
coche de juguete
chacoalho
sonajero
casa de bonecas
casa de muñecas
presente
regalo

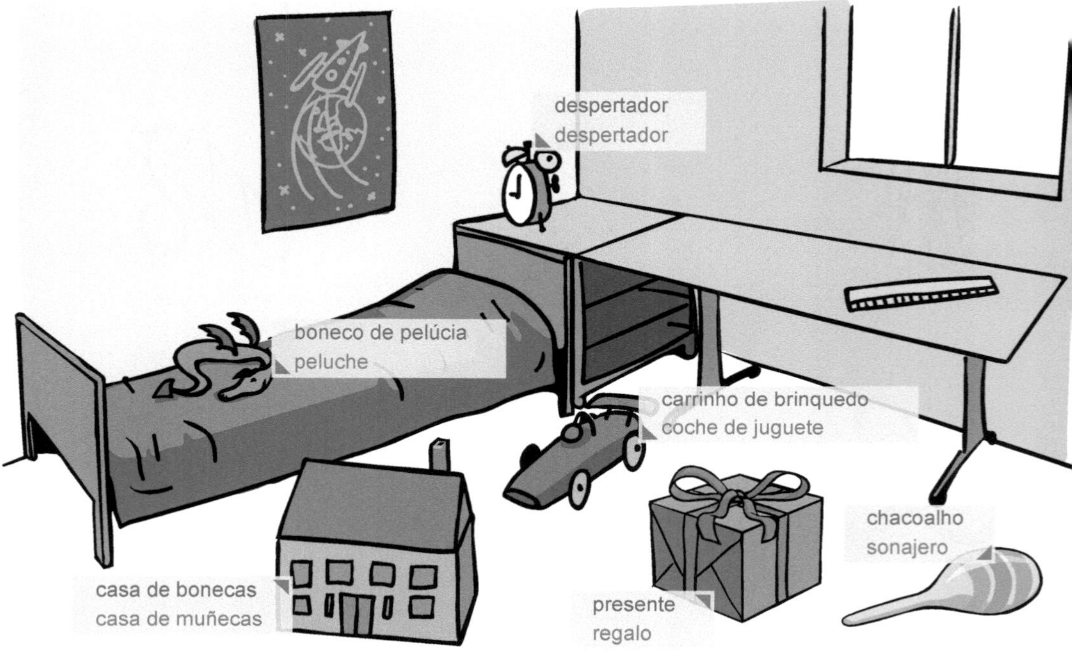

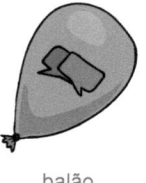

balão

globo

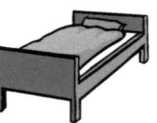

cama

cama

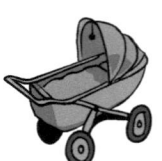

carrinho de bebê

cochecito

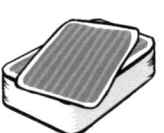

jogo de cartas

cartas

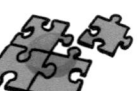

quebra-cabeças

rompecabezas

SUPER
MEGA

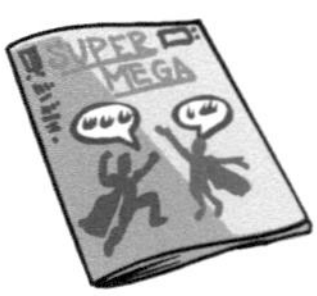

revista de quadrinhos

historieta

peças de Lego

piezas de lego

blocos de construção

ladrillos de juguete

figura de ação

figura de acción

macaquinho de bebê

enterito (de bebé)

frisbee

frisbee

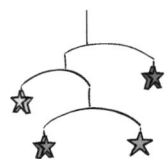

móbile para bebé

móvil para bebés

jogo de tabuleiro

juego de mesa

dados

dados

trenzinho elétrico

tren eléctrico

chupeta

chupete

festa

fiesta

livro ilustrado

libro de cuentos ilustrado

bola

pelota

boneca

muñeca

brincar

jugar

caixa de areia

arenero

balanço

hamaca

brinquedos

juguetes

videogame

consola de videojuegos

triciclo

triciclo

ursinho de pelúcia

osito de peluche

guarda-roupa

armario

vestuário
ropa

meias

medias

meias pelo joelho

medias panty

meias-calças

calzas

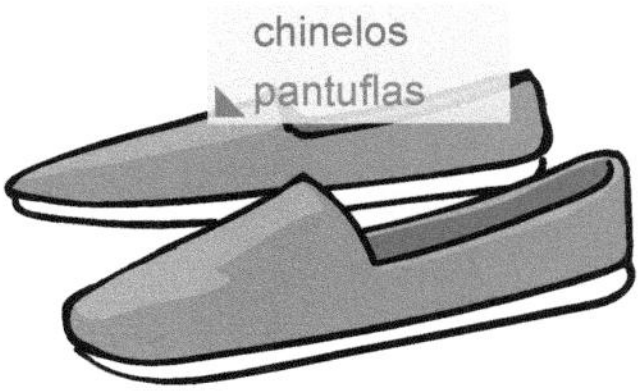

cachecol
bufanda

cinto
cinturón

guarda-chuva
paraguas

camiseta
remera

botas
botas

chinelos
pantuflas

tênis
zapatillas

sandálias
sandalias

sapatos
zapatos

botas de borracha
botas de goma

roupa de baixo
ropa interior

sutiã
corpiño

camiseta de baixo
chaleco

body
body

calças
pantalones

jeans
jeans

saia
pollera

blusa
blusa

camisa
camisa

pulôver
pulóver

suéter com capuz
buzo

blazer
blazer

jaqueta
campera

casaco
tapado

gabardine
piloto

traje
traje

vestido
vestido

vestido de casamento
vestido de novia

terno

traje

camisola

camisón

pijama

pijama

sari

sari

lenço de cabeça

pañuelo para cabeza

turbante

turbante

burca

burka

cafetã

caftán

abaya

abaya

maiô

traje de baño

sunga

short de baño

shorts

shorts

roupa de treino

jogging

avental

delantal

luvas

guantes

botão
botón

óculos
anteojos

pulseira
pulsera

colar
collar

anel
anillo

brinco
aro

boné
gorra

cabide
percha

chapéu
sombrero

gravata
corbata

zíper
cierre

capacete
casco

suspensórios
tiradores

uniforme escolar
uniforme escolar

uniforme
uniforme

babador
....
babero

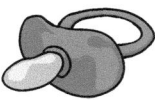

chupeta
....
chupete

fralda
....
pañal

escritório
oficina

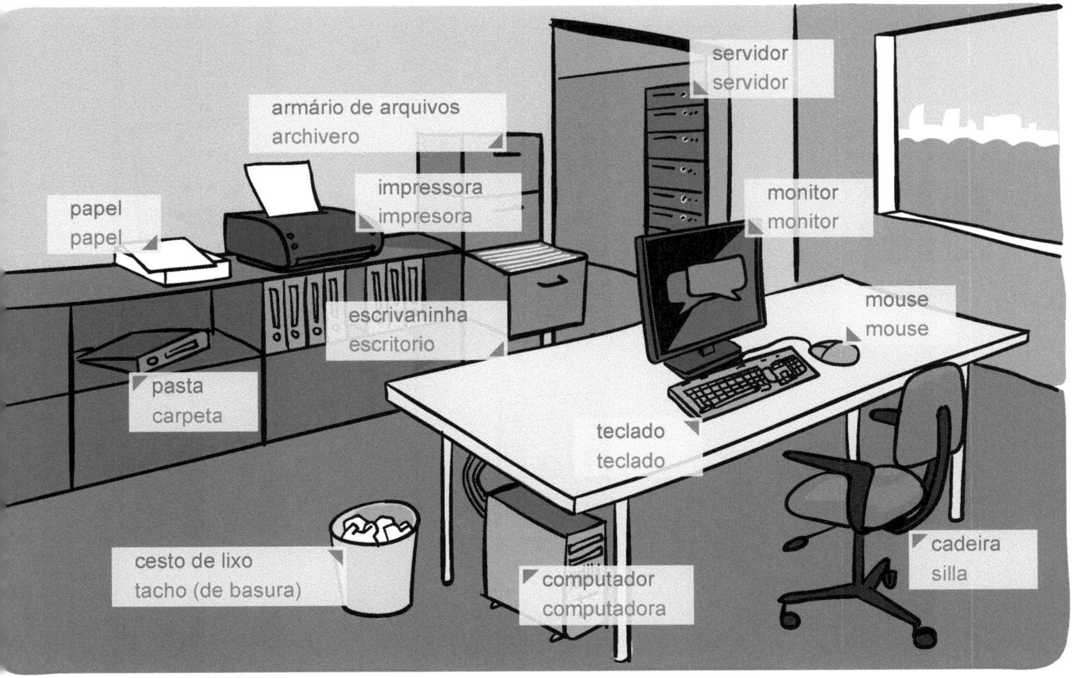

servidor
servidor

armário de arquivos
archivero

impressora
impresora

monitor
monitor

papel
papel

escrivaninha
escritorio

mouse
mouse

pasta
carpeta

teclado
teclado

cesto de lixo
tacho (de basura)

cadeira
silla

computador
computadora

xícara de café
....
taza de café

calculadora
....
calculadora

internet
....
internet

laptop
laptop

carta
carta

mensagem
mensaje

celular
celular

rede
red

copiadora
fotocopiadora

software
software

telefone
teléfono

tomada
tomacorriente

fax
fax

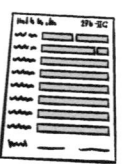

formulário
formulario

documento
documento

comprar

comprar

pagar

pagar

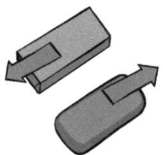

negociar

hacer negocios

dinheiro

dinero

 USD

Dólar

dólar

 EUR

Euro

euro

 JPY

Yen

yen

 RUB

rublo

rublo

 CHF

franco suíço

franco suizo

 CNY

renminbi yuan

yuan

 INR

rupia

rupia

caixa eletrônico

cajero automático

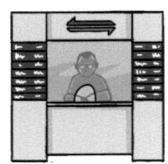

casa de câmbio

casa de cambio

ouro

oro

prata

plata

petróleo

petróleo

energia

energía

preço

precio

contrato

contrato

imposto

impuesto

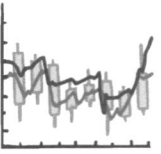

ação

acción

trabalhar

trabajar

empregado

empleado

empregador

empleador

fábrica

fábrica

loja

negocio

profissões
ocupaciones

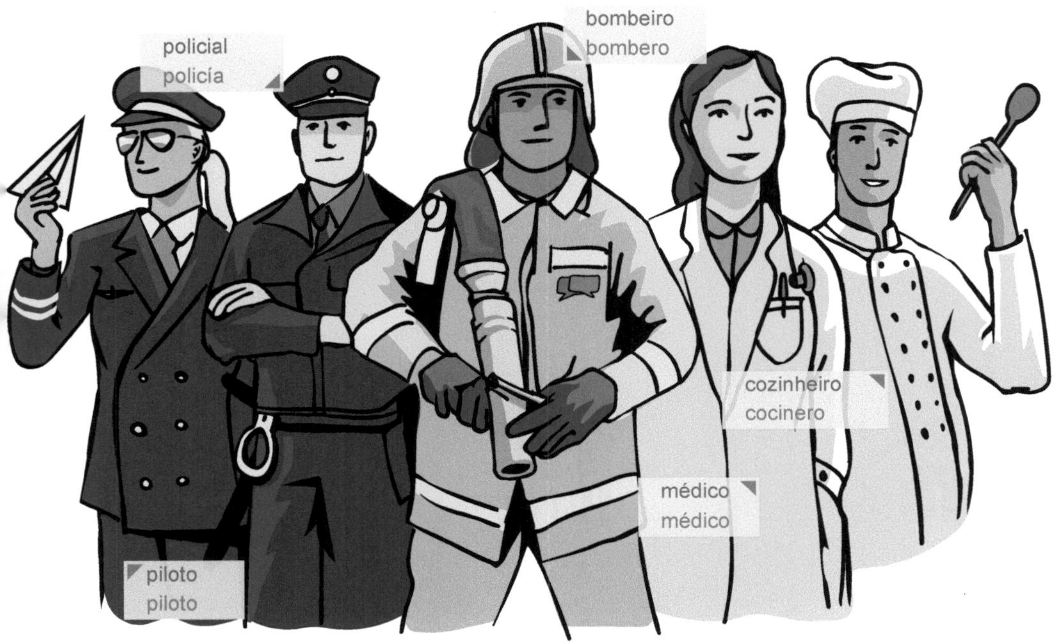
bombeiro
bombero
policial
policía
cozinheiro
cocinero
médico
médico
piloto
piloto

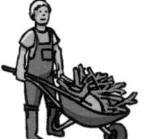

jardineiro

jardinero

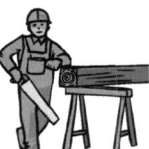

marceneiro

carpintero

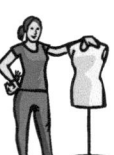

costureira

modista

juiz

juez

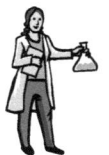

químico

farmacéutico

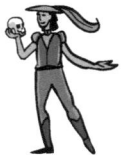

ator

actor

motorista de ônibus

colectivero

motorista de táxi

taxista

pescador

pescador

faxineira

mucama

telhador

techista

garçom

mozo

caçador

cazador

pintor

pintor

padeiro

panadero

eletricista

electricista

construtor

albañil

engenheiro

ingeniero

açougueiro

carnicero

encanador

plomero

carteiro

cartero

profissões - ocupaciones

soldado
soldado

arquiteto
arquitecto

caixa
cajero

florista
florista

cabelereiro
peluquero

condutor
cobrador

mecânico
mecánico

capitão
capitán

dentista
dentista

cientista
científico

rabino
rabino

imam
imán

monge
monje

pastor
sacerdote

ferramentas
herramientas

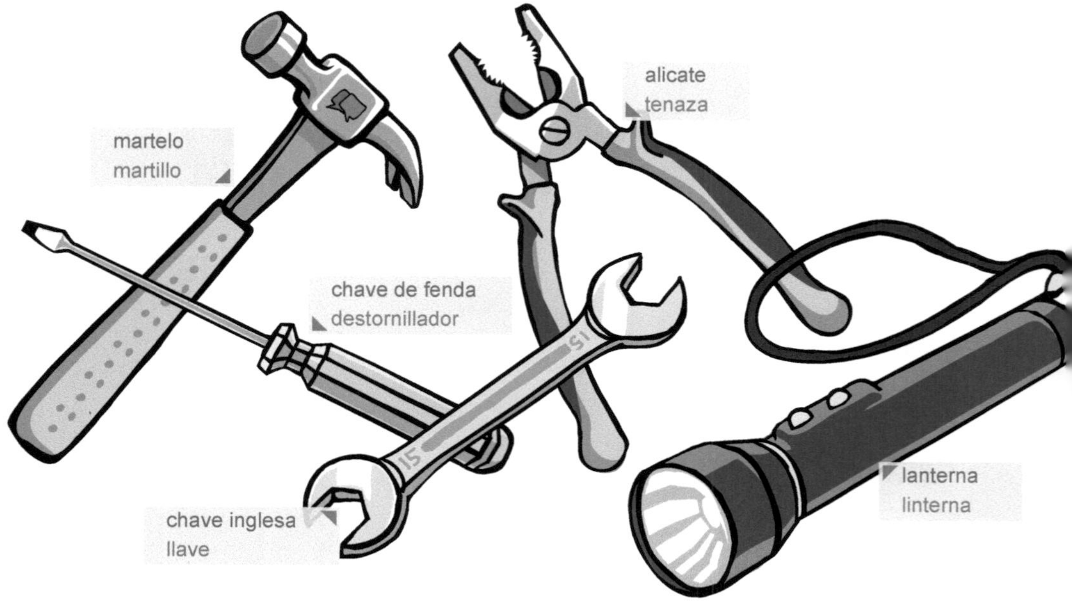
martelo
martillo
alicate
tenaza
chave de fenda
destornillador
chave inglesa
llave
lanterna
linterna

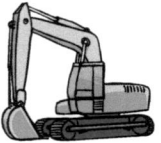

escavadora

excavadora

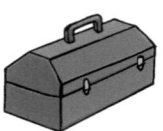

caixa de ferramentas

caja de herramientas

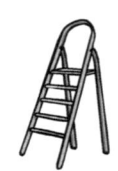

escada de mão

escalera portátil

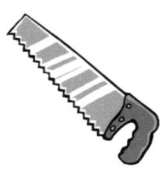

serra

sierra

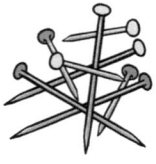

pregos

clavos

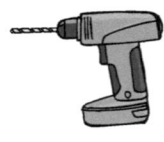

furadeira

taladro

consertar
....
arreglar

pá
....
pala de jardín

Droga!
....
¡Qué bronca!

pá de lixo
....
pala de plástico

pote de tinta
....
tacho de pintura

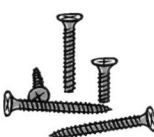

parafusos
....
tornillos

instrumentos musicais
instrumentos musicales

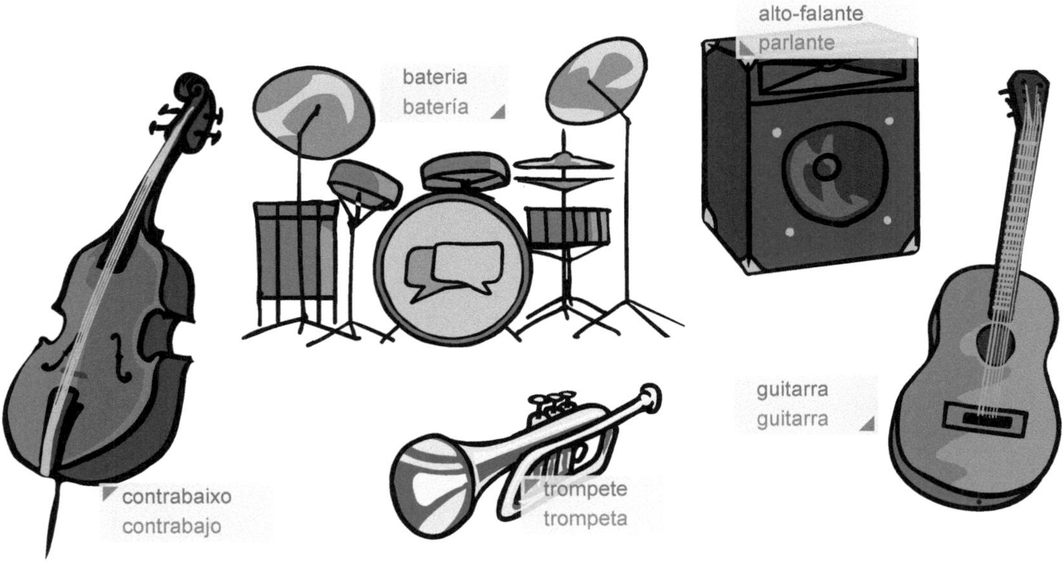

alto-falante
parlante

bateria
batería

guitarra
guitarra

contrabaixo
contrabajo

trompete
trompeta

piano
piano

violino
violín

baixo
bajo

timbales
timbales

tambor
tambor

teclado
teclado

saxofone
saxofón

flauta
flauta

microfone
micrófono

entrada
entrada

tigre
tigre

gaiola
jaula

zebra
cebra

ração animal
alimento para animales

panda
oso panda

animais
animales

elefante
elefante

canguru
canguro

rinoceronte
rinoceronte

gorila
gorila

urso
oso

zoológico - zoológico

camelo

camello

avestruz

avestruz

leão

león

macaco

mono

flamingo

flamenco

papagaio

loro

urso polar

oso polar

pinguim

pingüino

tubarão

tiburón

pavão

pavo real

cobra

serpiente

crocodilo

cocodrilo

guarda do zoológico

cuidador del zoológico

foca

foca

jaguar

jaguar

zoológico - zoológico

pônei

poni

leopardo

leopardo

hipopótamo

hipopótamo

girafa

jirafa

águia

águila

javali

jabalí

peixe

pescado

tartaruga

tortuga

morsa

morsa

raposa

zorro

gazela

gacela

esportes

deportes

futebol americano
fútbol americano

ciclismo
ciclismo

tênis
tenis

basquete
básquet

natação
natación

boxe
boxeo

hóquei no gelo
hockey sobre hielo

futebol
fútbol

badminton
bádminton

atletismo
atletismo

handebol
handball

esqui
esquí

polo
polo

62   esportes - deportes

pular
saltar

abraçar
abrazar

rir
reír

andar
caminar

cantar
cantar

sonhar
soñar

rezar
rezar

beijar
besar

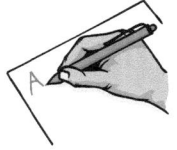

escrever
escribir

desenhar
dibujar

mostrar
mostrar

empurrar
presionar

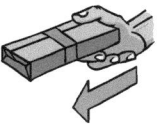

dar
dar

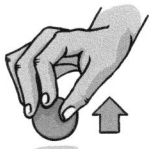

tomar
tomar

ter
-----
tener

fazer
-----
hacer

ser
-----
ser

ficar de pé
-----
estar parado

correr
-----
correr

puxar
-----
tirar

jogar
-----
tirar

cair
-----
caer

deitar
-----
estar acostado

esperar
-----
esperar

carregar
-----
llevar

sentar
-----
estar sentado

vestir
-----
vestirse

dormir
-----
dormir

despertar
-----
despertar

atividades - actividades

olhar para
mirar

chorar
llorar

acariciar
acariciar

pentear
peinar

falar
hablar

entender
entender

perguntar
preguntar

ouvir
escuchar

beber
beber

comer
comer

arrumar
ordenar

amar
amar

cozinhar
cocinar

dirigir
manejar

voar
volar

velejar

navegar

calcular

calcular

ler

leer

aprender

aprender

trabalhar

trabajar

casar

casarse

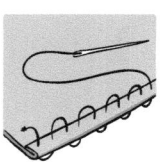

costurar

coser

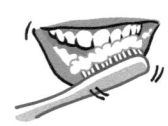

escovar os dentes

cepillarse los dientes

matar

matar

fumar

fumar

enviar

enviar

atividades - actividades

avó
abuela

avô
abuelo

pai
padre

mãe
madre

bebê
bebé

filha
hija

filho
hijo

convidado

invitado

tia

tía

tio

tío

irmão

hermano

irmã

hermana

corpo

cuerpo

testa
frente
olho
ojo
ombro
hombro
dedo
dedo
rosto
cara
queixo
pera
mão
mano
peito
pecho
perna
pierna
braço
brazo

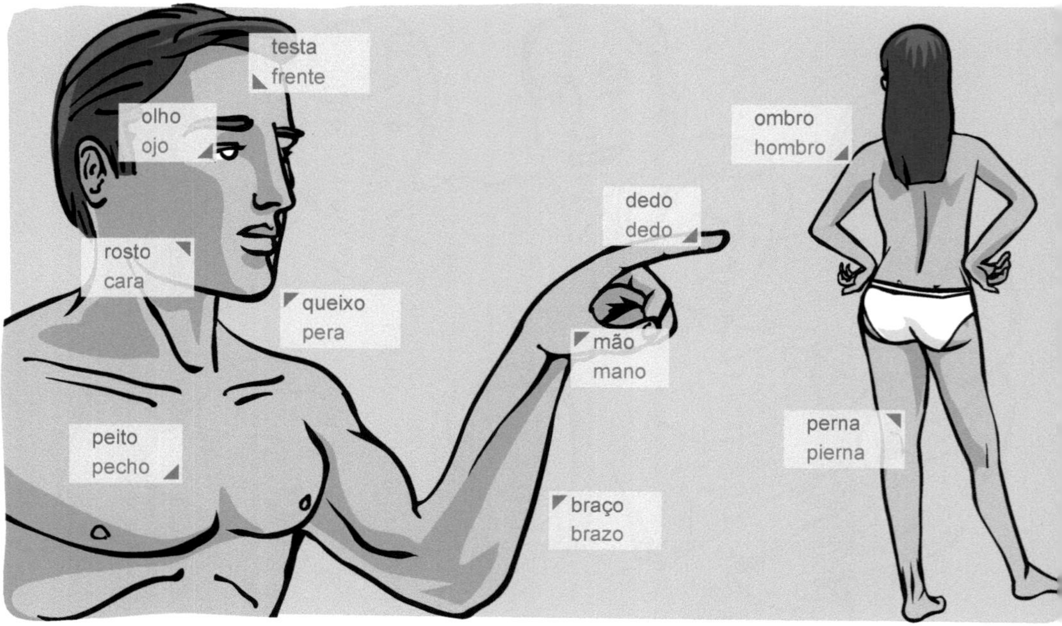

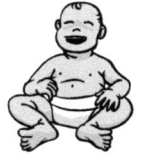

bebê

bebé

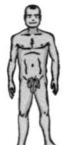

homem

hombre

mulher

mujer

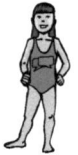

menina

nena

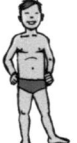

menino

nene

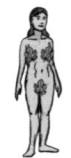

cabeça

cabeza

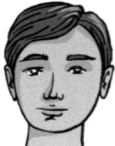

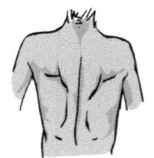

costas

espalda

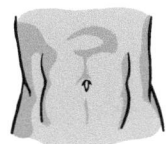

barriga

panza

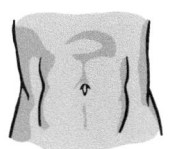

umbigo

ombligo

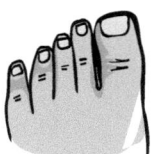

dedo do pé

dedo del pie

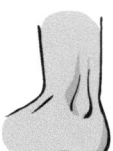

calcanhar

talón

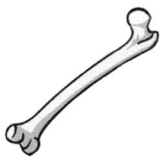

osso

hueso

anca

cadera

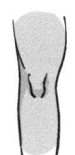

joelho

rodilla

cotovelo

codo

nariz

nariz

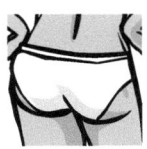

nádegas

cola

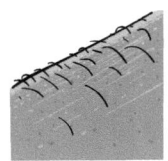

pele

piel

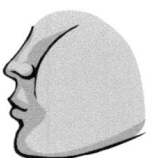

bochecha

cachete

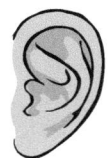

orelha

oreja

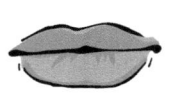

lábio

labio

boca
boca

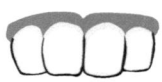

dente
diente

língua
lengua

cérebro
cerebro

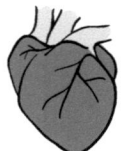

coração
corazón

músculo
músculo

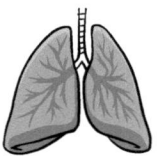

pulmão
pulmón

fígado
hígado

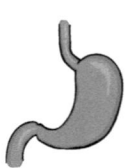

estômago
estómago

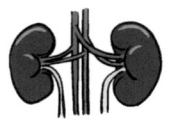

rins
riñones

relações sexuais
sexo

preservativo
preservativo

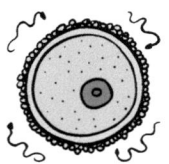

óvulo
óvulo

esperma
semen

gravidez
embarazo

corpo - cuerpo

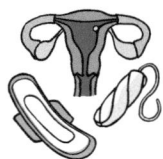

menstruação
menstruación

vagina
vagina

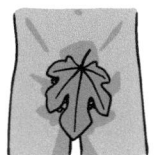

pênis
pene

sobrancelha
ceja

cabelo
pelo

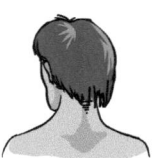

pescoço
cuello

hospital
hospital

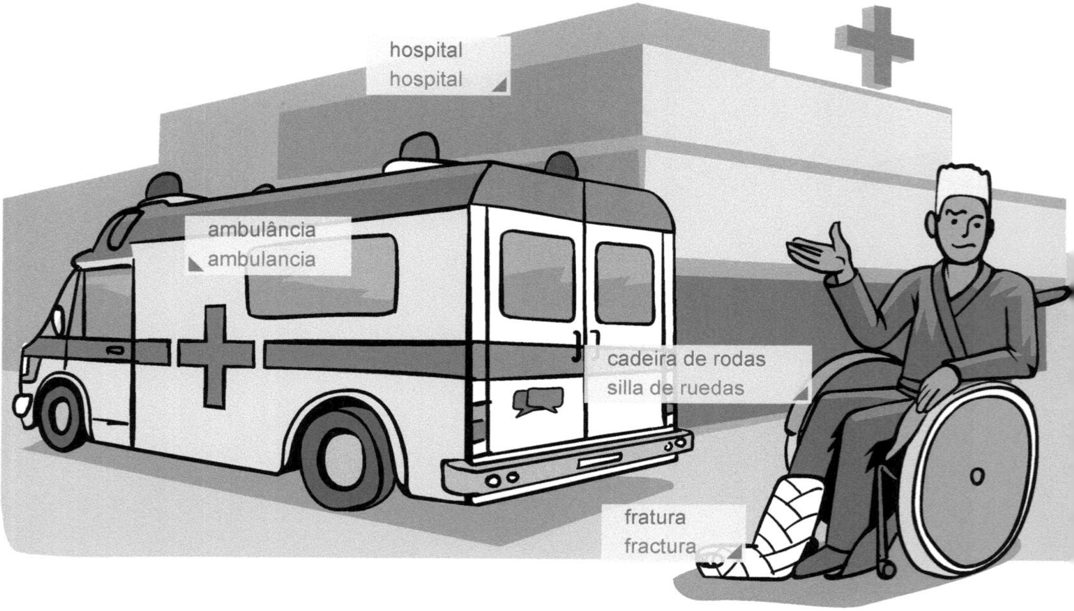

hospital
hospital
ambulância
ambulancia
cadeira de rodas
silla de ruedas
fratura
fractura

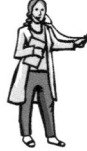

médico

médico

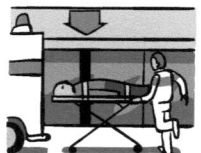

pronto-socorro

sala de guardia

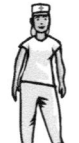

enfermeira

enfermera

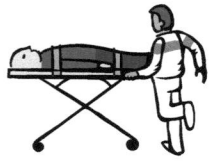

emergência

emergencia

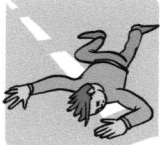

inconsciente

inconsciente

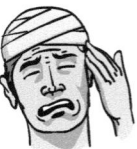

dor

dolor

ferimento

lesión

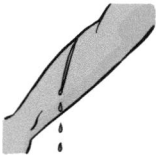

hemorragia

hemorragia

ataque cardíaco

infarto

acidente vacular cerebral

ACV

alergia

alergia

tosse

tos

febre

fiebre

gripe

gripe

diarreia

diarrea

dor de cabeça

dolor de cabeza

câncer

cáncer

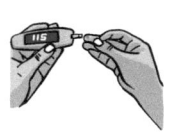

diabetes

diabetes

cirurgião

cirujano

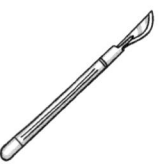

bisturi

bisturí

operação

operación

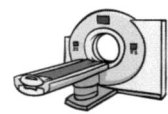

CT
TC

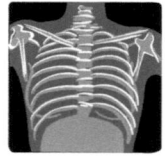

raio x
rayos x

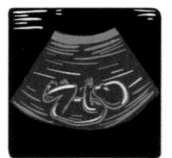

ultrassom
ecografía

máscara
barbijo

doença
enfermedad

sala de espera
sala de espera

muleta
muleta

bandeide
curita

ligadura
venda

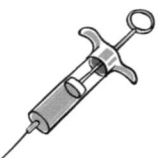

injeção
inyección

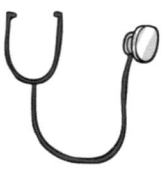

estetoscópio
estetoscopio

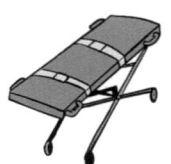

maca
camilla

termômetro
termómetro

nascimento
nacimiento

excesso de peso
sobrepeso

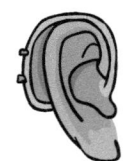

aparelho auditivo

audífono

desinfetante

desinfectante

infecção

infección

vírus

virus

HIV / AIDS

VIH / SIDA

medicamento

remedio

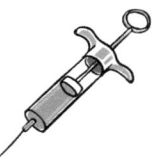

vacinação

vacunación

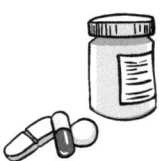

comprimidos

comprimidos

pílula

pastilla anticonceptiva

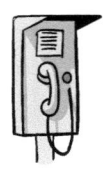

chamada de emergência

llamada de emergencia

dispositivo de medição de
pressão arterial

tensiómetro

doente / saudável

enfermo / sano

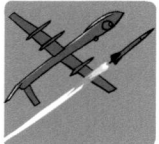

Socorro!

¡Ayuda!

alarme

alarma

assalto

agresión

ataque

ataque

perigo

peligro

saída de emergência

salida de emergencia

Fogo!

¡Fuego!

extintor de incêndios

matafuego

acidente

accidente

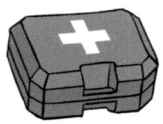

maleta de primeiros socorros

botiquín de primeros auxilios

SOS

SOS

polícia

policía

Europa
Europa

América do Norte
América del Norte

América do Sul
América del Sur

África
África

Ásia
Asia

Austrália
Australia

Atlântico
Atlántico

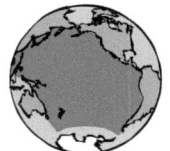

Pacífico
Pacífico

Oceano Índico
Océano Índico

Oceano Antártico
Océano Antártico

Oceano Ártico
Océano Ártico

Polo Norte
polo norte

Polo Sul

polo sur

Antártica

Antártida

Terra

Tierra

terra

tierra

mar

mar

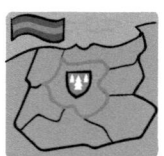

ilha

isla

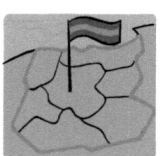

nação

nación

estado

estado

mostrador do relógio
....
esfera

ponteiro das horas
....
manecilla de las horas

ponteiro dos minutos
....
minutero

ponteiro dos segundos
....
segundero

Que horas são?
....
¿Qué hora es?

dia
....
día

tempo
....
hora

agora
....
ahora

relógio digital
....
reloj digital

minuto
....
minuto

hora
....
hora

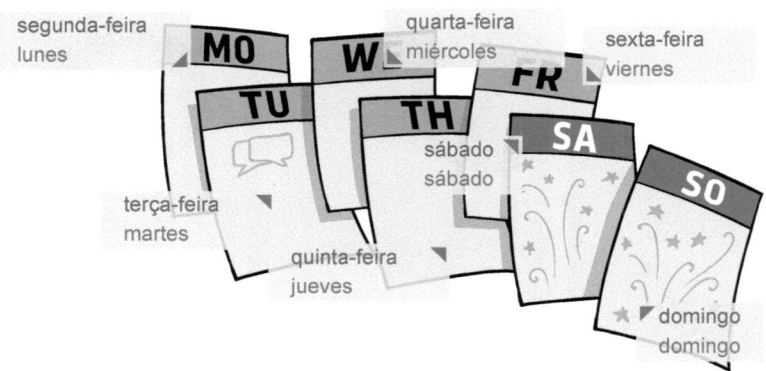

segunda-feira
lunes

quarta-feira
miércoles

sexta-feira
viernes

terça-feira
martes

quinta-feira
jueves

sábado
sábado

domingo
domingo

ontem

ayer

hoje

hoy

amanhã

mañana

manhã

mañana

meio-dia

mediodía

entardecer

tarde

dias úteis

días hábiles

fim de semana

fin de semana

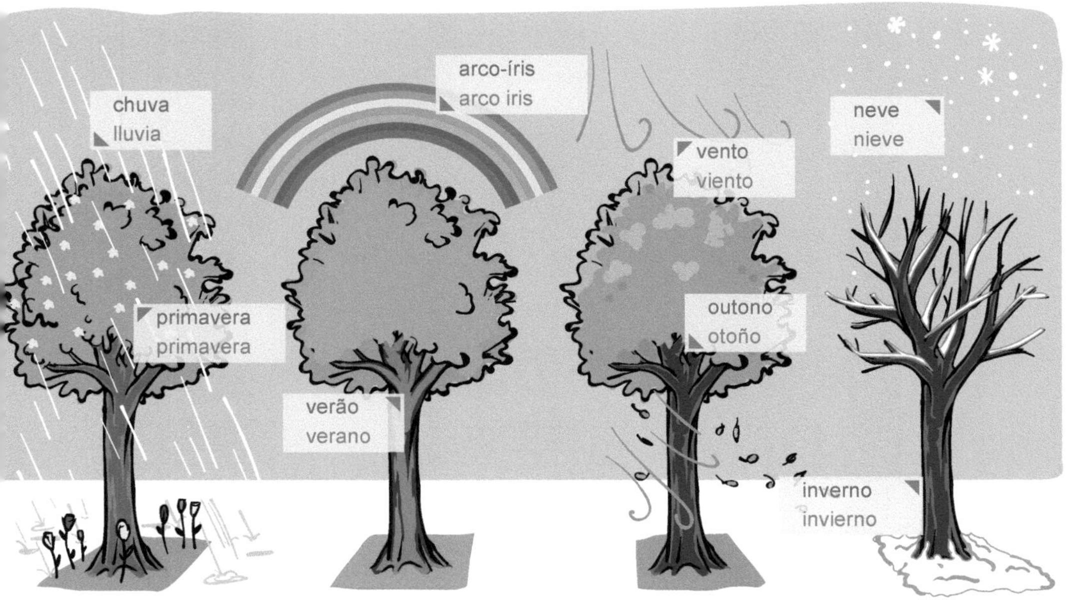

chuva
lluvia
arco-íris
arco iris
vento
viento
neve
nieve
primavera
primavera
verão
verano
outono
otoño
inverno
invierno

4.APRIL 11°
5.APRIL 4°
6.APRIL 13°
7.APRIL 8°
8.APRIL 10°

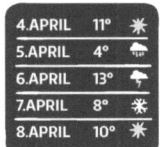

previsão do tempo

pronóstico meteorológico

F C
120 40
90 30
60 20
30 10
0 0
-30 -10
-20

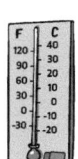

termômetro

termómetro

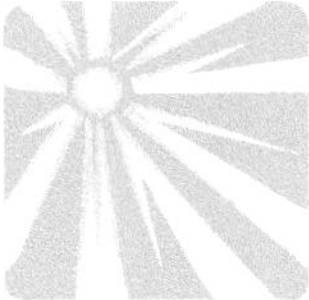

raio de sol

luz del sol

nuvem

nube

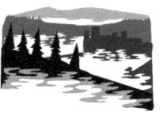

neblina / nevoeiro

niebla

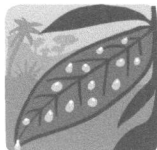

umidade do ar

humedad

relâmpago

rayo

trovão

trueno

tempestade

tormenta

granizo

granizo

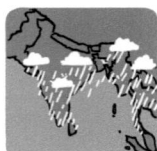

monção

monzón

inundação

inundación

gelo

hielo

janeiro

enero

fevereiro

febrero

março

marzo

abril

abril

maio

mayo

junho

junio

julho

julio

agosto

agosto

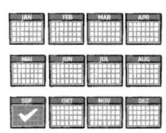

setembro

septiembre

outubro

octubre

novembro

noviembre

dezembro

diciembre

formas
formas

círculo

círculo

quadrado

cuadrado

retângulo

rectángulo

triângulo

triángulo

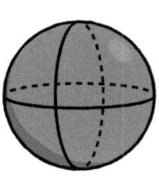

esfera

esfera

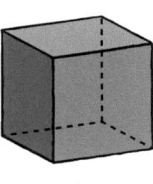

cubo

cubo

branco

blanco

amarelo

amarillo

laranja

naranja

rosa

rosa

vermelho

rojo

lilás

violeta

azul

azul

verde

verde

marrom

marrón

cinza

gris

preto

negro

muito / pouco

mucho / poco

furioso / tranquilo

enojado / tranquilo

lindo / feio

lindo / feo

começo / fim

principio / fin

grande / pequeno

grande / chico

claro / escuro

claro / oscuro

irmão / irmã

hermano / hermana

limpo / sujo

limpio / sucio

completo / incompleto

completo / incompleto

dia / noite

día / noche

morto / vivo

muerto / vivo

largo / estreito

ancho / angosto

comestível / não comestível

comestible / no comestible

mau / gentil

malo / amable

entusiasmado / entediado

entusiasmado / aburrido

gordo / magro

gordo / flaco

primeiro / último

primero / último

amigo / inimigo

amigo / enemigo

cheio / vazio

lleno / vacío

duro / macio

duro / blando

pesado / leve

pesado / liviano

fome / sede

hambre / sed

doente / saudável

enfermo / sano

ilegal / legal

ilegal / legal

inteligente / idiota

inteligente / estúpido

esquerda / direita

izquierda / derecha

perto / longe

cerca / lejos

novo / usado
nuevo / usado

nada / alguma coisa
nada / algo

velho / jovem
viejo / joven

ligado / desligado
encendido / apagado

aberto / fechado
abierto / cerrado

baixo / alto
silencioso / ruidoso

rico / pobre
rico / pobre

certo / errado
correcto / incorrecto

áspero / liso
áspero / suave

triste / feliz
triste / contento

curto / longo
corto / largo

lento / rápido
lento / rápido

molhado / seco
mojado / seco

ameno / fresco
caliente / frío

guerra / paz
guerra / paz

0	**1**	**2**
zero	um	dois
cero	uno	dos

3	**4**	**5**
três	quatro	cinco
tres	cuatro	cinco

6	**7**	**8**
seis	sete	oito
seis	siete	ocho

9	**10**	**11**
nove	dez	onze
nueve	diez	once

12

doze

doce

13

treze

trece

14

quatorze

catorce

15

quinze

quince

16

dezesseis

dieciséis

17

dezessete

diecisiete

18

dezoito

dieciocho

19

dezenove

diecinueve

20

vinte

veinte

100

cem

cien

1.000

mil

mil

1.000.000

milhão

millón

inglês
inglés

inglês americano
inglés americano

chinês mandarim
chino mandarín

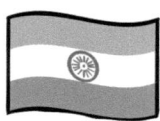

hindi
hindi

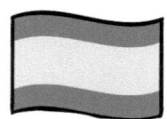

espanhol
español

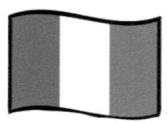

francês
francés

árabe
árabe

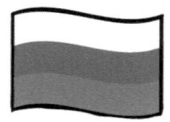

russo
ruso

português
portugués

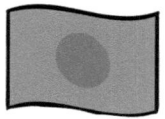

bengalês
bengalí

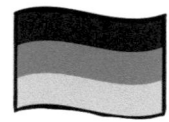

alemão
alemán

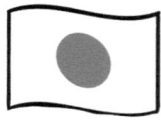

japonês
japonés

eu

yo

você

vos

ele / ela

él / ella

nós

nosotros

vocês

ustedes

eles / elas

ellos

quem?

¿quién?

O quê?

¿qué?

como?

¿cómo?

onde?

¿dónde?

Quando?

¿cuándo?

nome

nombre

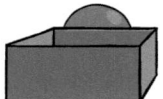

atrás

detrás

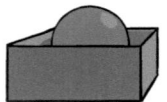

em

en

na frente de

adelante de

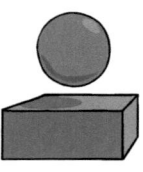

sobre

por encima de

em cima

sobre

debaixo

debajo de

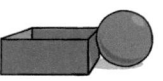

do lado

al lado de

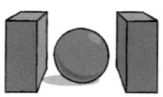

entre

entre

lugar

lugar